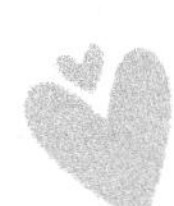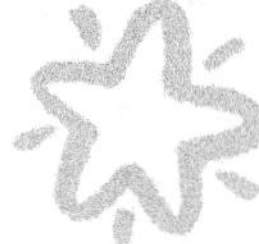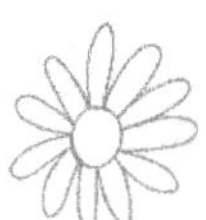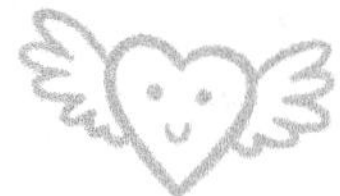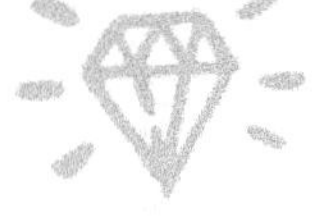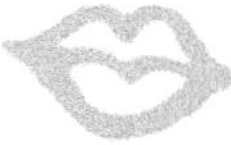

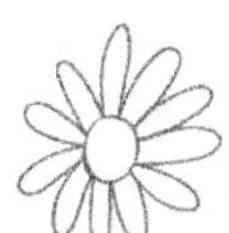

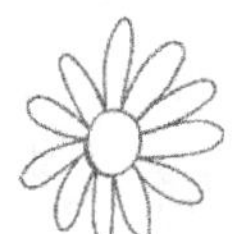

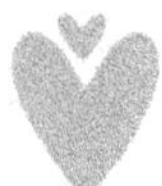

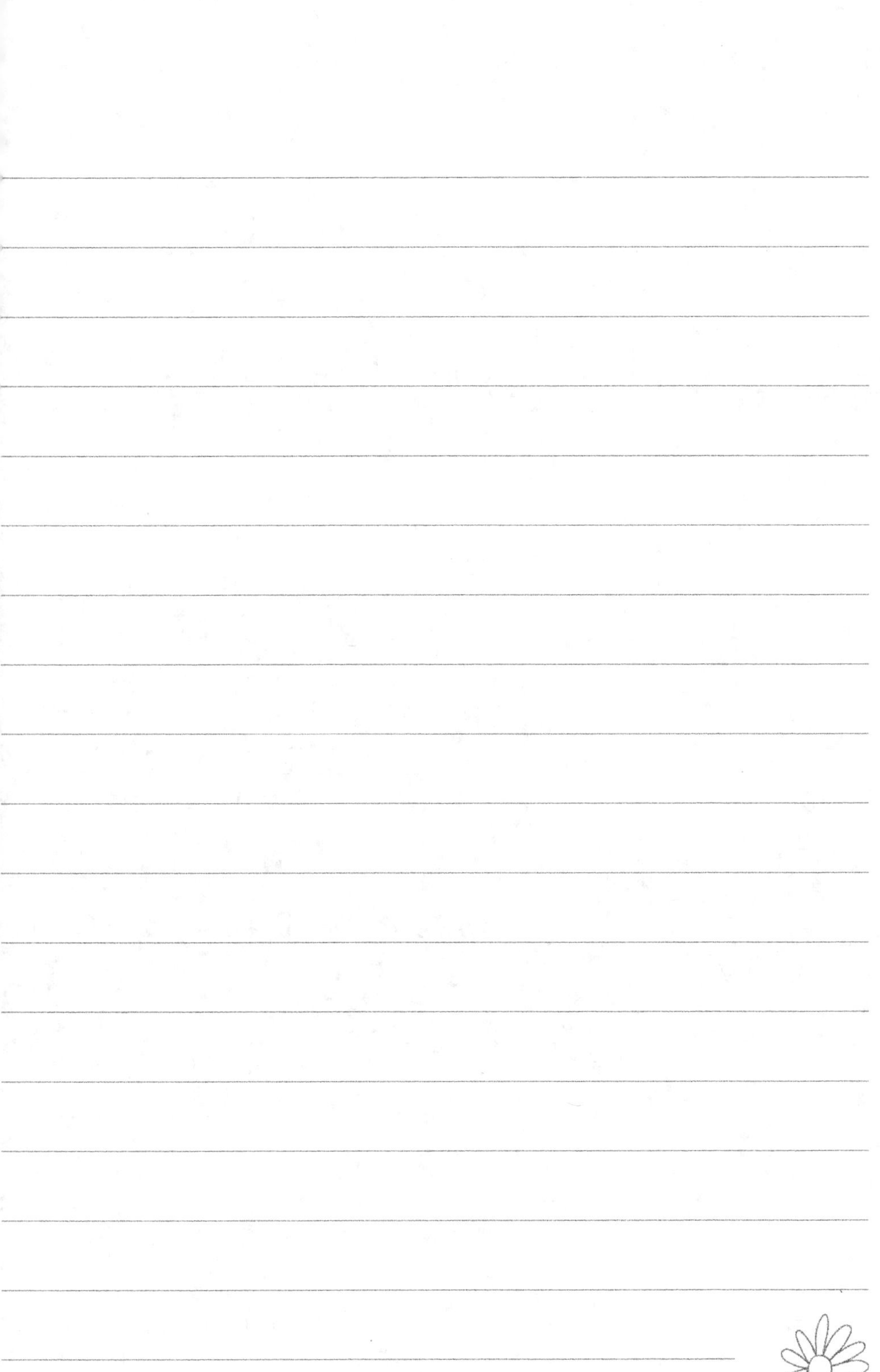

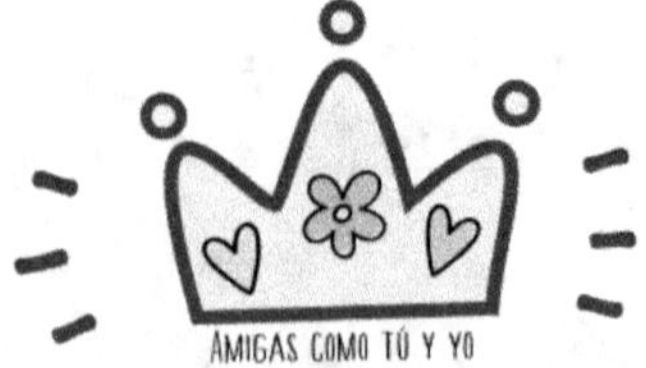

AMIGAS COMO TÚ Y YO